Richard Deiss

Ottifant und Knollennase

77
Denkmäler für Komiker,
Kabarettisten und andere
Humoristen

Impressum

Fotografien:	Richard Deiss/siehe Quellennachweis
Cover:	Richard Deiss

Kontakt: richard.deiss@gmail.com

Herstellung und Verlag: BoD - Books on Demand, Norderstedt, Printed in Germany

ISBN: 978-3-746-077-772

Zweite Auflage 2023, Originalausgabe

Bibliografische Information der Deutschen Nationalbibliothek
Die Deutsche Nationalbibliothek verzeichnet diese Publikation in der Deutschen Nationalbibliografie; detaillierte bibliografische Daten sind im Internet über http://dnb.d-nb.de abrufbar

Inhaltsverzeichnis

Vorwort		**5**
1.	**18. Jahrhundert**	6
2.	**19. Jahrhundert**	12
3.	**1900- Zweiter Weltkrieg**	18
	3.1 Berlin	18
	3.2 München	33
	3.3 Andere Orte	40
4.	**Nachkriegszeit bis 1960er Jahre**	46
5.	**1970er Jahre bis 2010**	57
6.	**Nach 2010**	73
7.	**Europa**	75
Schlusswort		79
Zum Autor		79
Quellennachweis		80

Vorwort

Ich bin ein Städte-Vielreisender und habe in Deutschland bereits mehr als 1000 Städte besucht und im restlichen Europa 1000 weitere Städte. Bei manchen dieser Städtebesuchen stieß ich auf interessante Bronzefiguren und andere Personendenkmäler.

Im Sommer 2022 fasste ich den Beschluss, die 77 interessantesten Figuren in einem kleinen Taschenbuch aufzulisten. Das wäre jedoch eine etwas beliebige Sammlung geworden und so entschied ich, es thematisch weiter einzugrenzen. Nach einem Band zu städtischen Originalen, einem zu fiktiven Figuren, einem weiteren zu Denkmälern für Stadtplaner und Architekten, beschloss ich, zu Humoristen im weitesten Sinne einen eigenen Band zu publizieren. Anfang 2023 unternahm ich dann kleinere Reisen, um Lücken zu schließen und eine ausreichende Zahl von Denkmälern für ein kleines Büchlein zusammenzubringen. Im März 2023 war dann eine Mindestzahl erreicht und ich konnte eine erste Auflage abschließen. Ergänzt sind die Bilder durch Zitate, die, wenn nicht anders angegeben, von den jeweiligen Humoristen stammen.

Seit der ersten Auflage sind mittlerweile weitere besuchte Denkmale hinzugekommen. In der vorliegenden zweiten Auflage sind deshalb folgende Humoristen neu aufgenommen worden: *Prangerl* und *Weiß Ferdl* (München) *Maathes Fischer* (Trier), *Hubert Hisel* (Nürnberg).

Ich freue mich, wenn das Buch interessierte LeserInnen findet, die es lehrreich und unterhaltsam finden. Rückmeldungen und Kommentare sind willkommen. Vielleicht werden LeserInnen auch angeregt, die eine oder andere Figur oder Gedenktafel selbst in Augenschein zu nehmen.

Viel Spaß beim Lesen und dem Betrachten der Denkmäler.

Isny, im Mai 2023
Richard Deiss

1. 18. Jahrhundert

Am Vorabend von Aufklärung und Modernisierung wurde im 18. Jahrhundert letztmals das Amt des Hofnarren besetzt. Damals bekannte Hofnarren waren etwa **Joseph Fröhlich**, Hofnarr Augusts des Starken (Reiterstandbild unten) in Dresden und **Perkeo** in Heidelberg.
In die Humorlücke stießen jedoch aufgeklärte Denker, so der erste deutsche Aphoristiker **Georg Christoph Lichtenberg**.

Goldener Reiter, Reiterstandbild August des Starken
Standort: Neustädter Markt
Bildhauer: Jean Joseph Vinache, **Kunstschmied**: Ludwig Wiedemann, Bronze, blattvergoldet, 1732-34

Joseph Fröhlich

Semper fröhlich, nunquam traurig.
(immer fröhlich, niemals traurig)

Der in der Steiermark geborene **Joseph Fröhlich** (1694-1757) war der Hofnarr Augusts des Starken, Kurfürst von Sachsen und König von Polen. 1727 erhielt er den Titel eines Hoftaschenspielers und eine entsprechende Anstellung. Am nördlichen Brückenkopf der Augustusbrücke in Dresden ließ er sich 1755 ein Wohnhaus errichten, welches von der Bevölkerung *Narrenhäusl* genannt wurde. Im Zweiten Weltkrieg wurde das Gebäude, welches mittlerweile eine Gaststätte beherbergte, stark zerstört und später abgerissen. Seit Jahren gibt es Pläne, das Narrenhäusl wieder aufzubauen. 1978 wurde an dieser Stelle eine vom Bildhauer Heinrich Apel geschaffene Joseph Fröhlich-Bronzeplastik aufgestellt.

Bildhauer: Heinrich Apel (1935-2020), Bronze, 1978
Standort: Große Meißner Str. 3 in Dresden, (Neustädter Ende der Augustusbrücke)

Perkeo

Das war der Zwerg Perkeo
Im Heidelberger Schloß,
An Wuchse klein und winzig,
An Durste riesengroß.
Man schalt ihn einen Narren,
Er dachte: "Liebe Leut,
Wart ihr wie ich doch alle
Feucht-fröhlich und gescheut!
(Joseph Viktor Scheffel, 1876-1926)

Der Südtiroler **Clemens Pankert** (1702-1735), genannt **Perkeo**, wurde 1718 im Alter von 16 Jahren als Hofzwerg und Hofnarr des Kurfürsten Karl III von der Pfalz nach Heidelberg geholt. Außerdem hatte er die Rolle des Hüters des mit Wein gefüllten Großen Fasses des Heidelberger Schlosses. Neben dem Fass ist heute ein Holzfigur Perkeos zu sehen. Perkeo soll sehr trinkfest gewesen sein. Auf die Frage, ob er das Große Fass leertrinken möchte, soll er auf Italienisch *perché no* (warum nicht) geantwortet haben und so zu seinem Spitznamen gekommen sein. Der Legende nach starb er nach dem Genuss von Wasser.

Bildhauer: unbekannt
Standort: Hauptstr. 75 in Heidelberg, Fassade Restaurant Perkeo

Prangerl

Der in München geborene **Georg Pranger** (1745-1820), genannt **Prangerl**, war der letzte **Hofnarr** der Münchner Residenz. Er war Geigenspieler und Mitglied des Orchesters der Residenz. Pranger war von kleiner Statur, aber mit Reiterhosen, grauem Frack und großem Hut, und gelegentlich sogar mit einem kleinen Pony, auffällig unterwegs. Zu den Anekdoten, die über ihn erzählt werden, gehört folgende: einmal soll er über den Marienplatz gegangen sein und die Leute, die sich dort aufhielten, gebeten haben, ihm bei der Suche nach seinem verlorenen Verstand zu helfen.

Standort: Mittelgewölbe des Karlstors in München

Georg Christoph Lichtenberg

Denkmal am Rathaus Ober-Ramstadt

Neue Blicke durch die alten Löcher.

Georg Christoph Lichtenberg wurde im Juli 1742 als 17. Kind einer protestantischen Pfarrersfamilie im hessischen Ober-Ramstadt geboren. Er war durch Rachitis bucklig und verwachsen und nur 1.44 m groß. Er studierte in Göttingen, wurde dort ein wichtiger Naturwissenschaftler und zum ersten deutschen Aphoristiker. Dort fand er in seiner Haushaltshilfe auch die Liebe und zeugte acht Kinder mit ihr.

Bildhauer: Martin Konietschke, Bronze, 2016
Standort: Rathaus Ober-Ramstadt, Darmstädter Straße 29

Denkmal in der Fußgängerzone von Göttingen

Es ist nicht gesagt, dass es besser wird, wenn es anders wird.
Wenn es aber besser werden soll, muss es anders werden.

Georg Christoph **Lichtenberg** gilt als erster deutscher Aphoristiker. Er verbrachte den größten Teil seines Lebens in der damals führenden deutschen Universitätsstadt Göttingen. Dort wurde 1992 zu seinem 250. Geburtstag in der Fußgängerzone ein 1.57 m großes Lichtenberg-Bronzedenkmal aufgestellt (der Denker war nur 1.44 m groß und hatte einen rachitisch verkrümmten Rücken). Kurze Zeit nach dem Ende der Diktatur in Albanien und dem Sturz der Enver Hodscha-Statue in Tirana (Februar 1991) wurde es vom albanischen Bildhauer Fuat Dushku aus eingeschmolzenen Enver Hodscha, Lenin- und Stalin-Büsten gefertigt.

Bildhauer: Fuat Dushku (1930-2002) Bronze, 1992
Standort: Marktplatz vor dem Alten Rathaus

2. 19. Jahrhundert

Georg Wilhelm Friedrich Hegel (1770-1831) sagte einst `Ein Berliner Witz ist mehr wert als eine schöne Gegend´. Der Witz, bzw. Geisteswitz schien damals noch rar gesät. Ein wichtiger Beitrag des 19. Jahrhunderts zur Humorkultur war die 1848 vom Schriftsteller David Kalisch (1820-1872) gegründete politisch-satirische Zeitschrift *Kladderadatsch* (nach dem lautmalerischen Berliner Ausdruck für etwas, das mit Krach in Scherben fällt) und die Verbreitung des Kalauer-Witzes durch den Redakteur Ernst Dohm (1819-1885). Ansonsten tauchten im 19. Jahrhundert immer mehr städtische Originale auf, für die in den letzten Jahrzehnten etliche Denkmäler, zumeist aus Bronze, aufgestellt wurden. Ein Beispiel dafür ist das Dessauer Original **Christoph Hobusch**.

Bodenplatte mit Hegel-Zitat (1830) am Berliner Gendarmenmarkt

Ernst Dohm

Dohm-Gedenktafel in Calau

`Wer diese Stadt noch nicht gesehen, der müsst´ zur Strafe barfuß gehen´. (Leitspruch Calauer Schustergesellen)

Ernst Dohm (1819-1883) war einer der ersten Mitarbeiter und ab 1849 Chefredakteur der 1848 gegründeten Berliner Satirezeitschrift **Kladderadatsch**. Er besuchte die damals noch mit K geschriebene Niederlausitzer Schusterstadt Calau häufig und verbreitete in seiner Zeitschrift das Witzwort `Der Kalauer´.

Standort: Cottbusser Str. 16

Kladderadatsch-Gedenktafel in Calau

Eine Tafel am Witzerundweg in Calau erklärt den Zusammenhang zwischen der Kleinstadt Calau (im 19. Jahrh. Kalau geschrieben) und den Kalauer-Witzen. Kalauer werden dabei als doppelsinnige Wortwitze bzw. Wortspiele definiert. Die Sondernummer der Zeitschrift Kladderadatsch zur Industrieausstellung in London aus dem Jahre 1851 erwähnt die Schuhstadt Calau im Verzeichnis der ausgestellten Waren: *ein paar Stiefel und zwei gußeiserne Witze.*

Standort: Cottbusser Str. 16

Calauer Witzerundweg

Ein Beispiel für einen in Calau am Witzerundweg auf einer Tafel ausgestellten Kalauer ist unten im Bild wiedergegeben.

Standort: Rathaus von Calau

Christoph Hobusch

Christoph Gottlieb Leopold **Hobusch** (1819-1866) war ein Gelegenheitsarbeiter und Dessauer Original des 19. Jahrhunderts. Sein Witz, seine Respektlosigkeit vor Obrigkeiten und seine Schlagfertigkeit, später zu **Hobuschiaden** ausgeschmückt und erhöht, machten ihn legendär und verhalfen ihm zum Beinamen `Dessauer Eulenspiegel´. Der Fabrikant Max Schulz brachte ab 1920 einen Hobusch-Likör heraus und finanzierte einen Grabstein. 1992 wurde von der Steinmetzfirma Melchert ein neuer Grabstein spendiert. Darauf ist zu lesen:

`Viel belacht, wenig geacht, arm an Besitz, reich an Witz´.

Bildhauer: Steinmetzfirma Melchert, Sandstein, 1995
Standort: Eckhaus Askanische Str./Steinstraße

Fischers Maathes

Besser duht gelaacht als wie freckt geäriert

Der in Trier geborene **Mathias Joseph Fischer**, „Fischers Maathes" genannt, hatte in der Innenstadt ein Kolonialwarengeschäft und schlug sich mit dem Verkauf aller möglichen Nahrungs- und Genussmittel durch. Mit seinem in Mundart vorgetragenem Humor unterhielt er seine Mitmenschen auch in schwierigen Zeiten. An seinem Geburtshaus in der Brotstr. 62 war auf einer mittlerweile entfernten Gedenktafel zu lesen: *Besser duht gelaacht als wie freckt geäriert.* Der politisch für die Demokratie engagierte Fischer hatte jedoch auch eine andere Seite. Anfang Februar 1879 schlug er einen großen Nagel über der Ladentür in die Wand. Am 24. Februar, seinem Namenstag, befestigte er ein Schild an der Tür `Wegen Sterbefall geschlossen´. Er zündete zwei Kerzen an, stieg auf einen Stuhl und erhängte sich am Nagel über der Ladentür.

Bildhauer: Willi Hahn (1920-1995), Sandstein, 1977
Standort: Stresemannstr. 1

17

3. 1900 - Zweiter Weltkrieg

3.1 Berlin

In der ersten Hälfte des 20. Jahrhunderts war Berlin eindeutig das Zentrum des Medienschaffens und des Humors im deutschsprachigen Raum. Mit dem originellen Karl Valentin war München ein bedeutendes regionales Humorzentrum, mit oft baierisch-dialektmäßig eingefärbtem Witz. Weitere Zentren waren Stuttgart und Hannover (Dadaismus).

Ein Beispiel für große Zahl von in Berlin tätigen Kabarettisten ist Otto Reutter (1870-1931). Otto Reutter stand über 30 Jahre auf der Bühne des Wintergartens am Berliner Bahnhof Friedrichstraße. In Berlin hat er deshalb in Wilmersdorf eine Gedenktafel bekommen.

Standort: Bregenzer Str. 5, Berlin-Wilmersdorf

BERLINER GEDENKTAFEL

In diesem Haus lebte von 1911 bis 1920
OTTO REUTTER
24.4.1870 – 3.3.1931
Populärer Kabarettist, Star im Varieté-Theater
»Wintergarten«,
verfaßte über tausend Couplets,
unter anderem »Der Überzieher«

Otto Reutter

Otto Reutter-Gedenktafel Gardelegen

Jeder fühlt sich jung und mächtig
Auch der Alte möchte sich
nicht zur alten Garde legen
Wie bei uns in Gardelegen.

Der volkstümliche deutsche Humorist **Otto Reutter** wurde als Otto Pfützenreuter 1870 in Gardelegen (Sachsen-Anhalt) geboren.

Standort: Ernst Thälmann Str. 16-18, Gardelegen

Otto Reutter-Statue Gardelegen

"Ich wündre mir über garnischt mehr"

In seiner Heimatstadt Gardelegen gibt es für Otto Reutter eine Gedenktafel und eine von Heinrich Apel geschaffene Bronzestatue. Auf deren Rücken ist das oben aufgeführte Zitat zu lesen.

Bildhauer: Heinrich Apel, Bronze, 2002
Standort: Ernst Thälmann Str. 16-18, Gardelegen

Fritz Oliven

Oliven-Gedenktafel Berlin-Charlottenburg

Rideamus. Lasst uns lachen

Der in Breslau 1874 geborene und 1956 in Brasilien gestorbene **Fritz Oliven** gehörte zu den erfolgreichsten deutschen Humoristen des 20. Jahrhunderts. Er schrieb auch Operettenlibretti, zum Beispiel *Die lustigen Nibelungen, Drei alte Schachteln* und *Der Vetter aus Dingsda.* Seine Bücher erreichten eine für die damalige Zeit sehr hohe Auflage. Von den Nazis wurden sie später verbrannt. Das NS-Regime zwang den jüdischen Humoristen 1939 zur Ausreise nach Brasilien. 1956 starb Oliven in Porto Alegre, ganz im Süden Brasiliens.

Standort: Giesebrechtstr. 11

Joachim Ringelnatz

Geburtshaus in Wurzen

Wer das Licht der Welt erblickt, wird das Dunkel schon noch kennenlernen.

Der Schriftsteller und Kabarettist **Joachim Ringelnatz** (1883-1934) wurde als **Hans Gustav Böttcher** im sächsischen Wurzen geboren. Bekannt ist er noch heute für seine humoristischen, teilweise skurrilen Gedichte. Das seit mehreren Jahren leerstehende Geburtshaus in Wurzen wird zurzeit saniert und soll ab April 2023 als Gedenk- und Begegnungsstätte für Besucher zugänglich gemacht werden.

Standort: Crostigall 14, Wurzen

Joachim Ringelnatz-Stele, Am Markt

Jeder spinnt auf seine Weise - der eine laut, der andere leise.

In Wurzen stehen entlang des Ringelnatz-Pfades 13 Ringelnatz-Gedichtstelen.
Die von Ute Hartwick-Schulz gestaltete Stele am Markt, zeigt den Text des Nagel-Gedichtes von Ringelnatz.

Bildhauerin: Ute Hartwick-Schulz
Standort: Am Markt

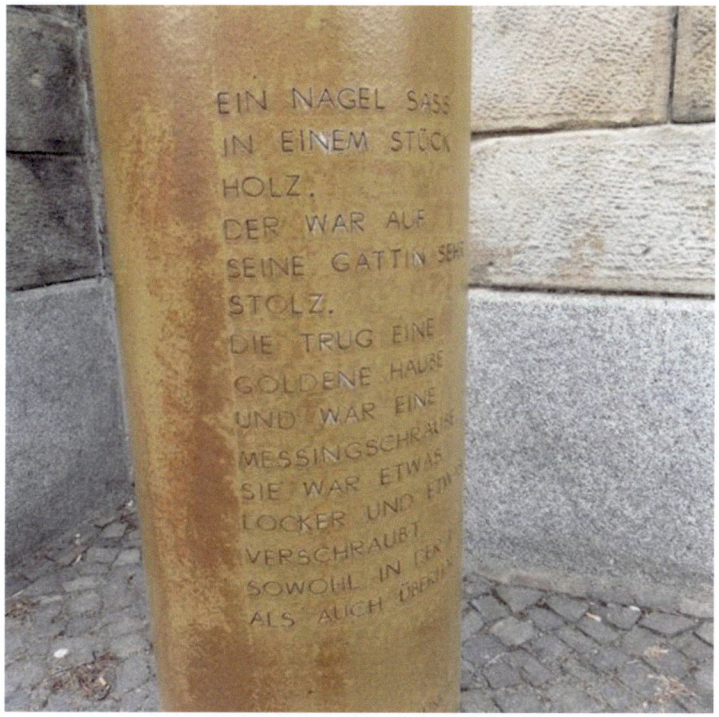

Gedicht-Stele Elbchaussee, Hamburg

2014, zum 80. Todestag des Dichters Joachim Ringelnatz (1883-1934), wurde auf der Hamburger Elbchaussee eine Säule mit dem **Ringelnatz Gedicht `Die Ameisen´** sowie **zwei Ameisen** aufgestellt. Doch fast jedes Jahr wurden die Metall-Ameisen entwendet und mussten neu aufgestellt werden. Als ich im April 2022 in Hamburg war, waren diese schon wieder weg, allerdings wohl nicht in Australien. Das Gedicht war immerhin noch zu lesen.

Standort: Elbchaussee, Hamburg

Wohnhaus und Gedenktafel Brixplatz, Berlin

Die Leute sagen immer: Die Zeiten werden schlimmer.
Die Zeiten bleiben immer. Die Leute werden schlimmer

Ringelnatz wohnte 1930 bis zu seinem Tode im Jahre 1934 in Berlin am Brixplatz 11 im Westend-Viertel des Bezirkes Charlottenburg-Wilmersdorf. An seinem Wohnhaus ist eine Gedenktafel angebracht. Zusätzlich findet sich am Brixplatz eine Tafel mit dem Gedicht *Es sang eine Nachtigall* aus dem 1933 erschienenen Band *103 Gedichte*.

Standort: Brixplatz 11

Standort: Brixplatz Ecke Reichsstr

25

Roda Roda

Gedenktafel, Wohnhaus, Berlin

Ein Zeichen von Intelligenz: Andere überzeugen zu können. Ein Zeichen von hoher Intelligenz: Auf andere hören und umlernen können. Ein Zeichen äußerster Intelligenz: Auf niemanden hören.

Alexander Friedrich Ladislaus Roda Roda (1872-1945) hieß eigentlich **Sándor Friedrich Rosenfeld** und wurde in Mähren im heutigen Tschechien geboren. Der österreichische Schriftsteller und Satiriker bezeichnete sich selbst als Dichter Österreich-Ungarns. Von 1920 bis 1933 wohnte Roda Roda in Berlin. Nach der Machtergreifung der Nazis emigrierte er im Februar 1933 nach Graz, nach dem Anschluss Österreichs floh er 1938 in die Schweiz. 1940 emigrierte er von dort in die USA.

Standort: Innsbrucker Str. 44 (Schöneberg)

Kurt Tucholsky

Gedenktafel, Geburtshaus, Berlin

Laßt uns das Leben genießen, solange wir es nicht begreifen.

Der Schriftsteller und Journalist **Kurt Tucholsky**, Sohn eines jüdischen Bankkaufmannes, wurde in Berlin-Moabit geboren, verbrachte aber einen Teil seiner Kindheit in Stettin, bevor seine Eltern 1899 wieder nach Berlin zurückkehrten. Tucholsky nutzte als Journalist etliche Pseudonyme, darunter *Kaspar Hauser*, *Peter Panter*, *Theobald Tiger* und *Ignaz Wrobel*. Als zeitweiser Mitherausgeber der Wochenzeitschrift **Die Weltbühne** gehörte er zu den bedeutendsten und scharfzüngigsten publizistischen Stimmen der Weimarer Republik.

Standort: Lübecker Str. 13, Berlin-Moabit

Gedenktafel in Berlin

Der geschickte Journalist hat eine Waffe: das Totschweigen - und von dieser Waffe macht er oft genug Gebrauch.

Bereits in der zweiten Hälfte der Zwanziger Jahre verbrachte **Tucholsky** die meiste Zeit im Ausland, meist in Paris und spürte bereits einen politischen Klimawechsel, weg vom toleranten Chaos der Zwanziger Jahre. Durch gesellschafts- und militärkritische Publikationen kam es bereits im Jahre 1929 zu Prozessen gegen die Weltbühne und Journalisten wie Georg Kreisen und Carl von Ossietzky. Im selben Jahr verlegte Tucholsky seinen Wohnsitz nach Schweden, wo er 1935 an einer Überdosis von Schlafmitteln starb.

Standort: Bundesallee 79, Berlin-Friedenau

Claire Waldoff

Denkmal in Berlin

Wer schmeißt denn da mit Lehm? Der sollte sich was schäm'n,
Der sollte doch was anders nehm'n
Als ausgerechnet Lehm.

Die in Gelsenkirchen im Ruhrgebiet geborene **Claire Waldoff** (1884-1957) sah sich selbst als Volkssängerin, war Kleinkunstinterpretin im weitesten Sinne und galt auch als Kabarettistin. Mitte der 1920er Jahre war sie auf dem Höhepunkt ihrer Karriere und trat in den größten Varietés Berlins auf. Heute steht ihre Büste vor dem damals noch nicht existierenden Friedrichstadtpalast in Mitte.

Standort: Friedrichstadtpalast, Berlin

Männer sind wie Gurken - wenn man sie reinlegt, werden sie sauer.

Je weniger Zähne ein Mann hat, desto leichter beißt er an.

Die Schauspielerin, Sängerin und Kabarettistin **Johanna Dorothee Helene Gertrud Hesterberg** (1892-1967) hatte einen so langen Namen, dass sie einfach **Trude** genannt wurde. Eine Gedenktafel am Theater des Westens erinnert daran, dass Trude Hesterberg dort Anfang der liberalen und goldenen 1920er Jahre, die **Wilde Bühne** gründete und damit den Grundstein für das deutsche literarisch-politische Kabarett legte. Die Berlinerin lebte nach dem 2. Weltkrieg in München und ist auf dem Münchner Nordfriedhof beigesetzt.

Standort: Theater des Westens, Kantstr. 12

Friedrich Hollaender

Ich bin von Kopf bis Fuß auf Liebe eingestellt.
Der blaue Engel

Friedrich Hollaender wurde in London geboren und war Komponist, Regisseur, Schauspieler, Schriftsteller und auch Kabarettist. Ab 1933 musste Hollaender wegen seiner jüdischen Abstammung ins Exil. 1955 kehrte er aus den USA zurück und ließ sich in München nieder, wo er auch begraben ist. In der Cicerostraße in Berlin-Wilmersdorf, wo er vor seiner Emigration 1933 lebte, ist eine Gedenktafel für ihn angebracht.

Standort: Cicerostr. 14, Berlin- Wilmersdorf

Grethe Weiser

Weiser-Gedenktafel in Berlin-Charlottenburg

Die schwierigste Aufgabe für eine Frau ist es, einem Mann klarzumachen, daß er ohne sie nicht leben kann.

Die Schauspielerin und Kabarettistin **Grethe Weiser** wurde 1903 als Mathilde Ella Dorothea Margarethe Nowka in Hannover geboren. Gestorben ist sie 1970 als Folge eines Autounfalls im bayerischen Bad Tölz. Von 1954 bis 1970 lebte sie in Berlin-Charlottenburg, wo in der Giesebrechtstraße eine Gedenktafel für sie angebracht wurde.

Standort: Giesebrechtstr. 18, Berlin-Charlottenburg

3.2 München

Außerhalb von Berlin hatte sich vor allem in München eine regionale kabarettistische, teils deutschlandweit ausstrahlende Szene gebildet, mit Karl Valentin als bedeutendstem Vertreter.

> **Karl Valentin**

Mögen hätt′ ich schon wollen, aber dürfen hab ich mich nicht getraut.

Valentin Ludwig Fey (1882-1948), der sich **Karl Valentin** nannte, war Komiker, Sänger, Autor und Filmproduzent. Durch seine skurrile Art und seinen anarchistischen Humor inspirierte dieses Münchner Original zahlreiche Künstler nach ihm, darunter Heinz Erhardt, Loriot und Otto.

Bildhauer: Ernst Andreas Rauch (1901-1990), Bronze, 1953
Standort: Viktualienmarkt

Gedenktafel am Schmalspurbahnhof in Zittau

Früher war sogar die Zukunft besser.

Nach dem Tode seines Vaters hatte Valentin zusammen mit seiner Mutter eine Speditionsfirma übernommen. Als diese 1906 pleiteging, zog er mit seiner Mutter in deren Heimatstadt Zittau in Sachsen um. Bereits 1908 kehrte er jedoch nach München zurück. In Zittau scheint Karl Valentin auch mit der bis heute bestehenden Zittauer Schmalspurbahn nach Bad Oybin gereist zu sein. Am dem DB-Bahnhof vorgelagerten Schmalspurbahnhof in Zittau hängt eine Valentin-Gedenktafel mit einem Gedicht zur *Oybinbahn*.

Standort: Schmalspurbahnhof Zittau

Valentin-Karlstadt-Musäum, München

Alle reden über das Wetter, aber keiner tut was dagegen.
(Valentin-Spruch an der Wand des Museums)

Das **Valentin-Karlstadt-Musäum** im Isartor in München ist
voller Skurrilitäten. Das fängt mit den Öffnungszeiten an (siehe
Bild unten) und dem Hinweis, dass der Eintritt für 99jährige in
Begleitung ihrer Eltern frei ist. Im Museum ist der Nagel zu sehen,
an den der gelernte Schreiner Valentin seinen Beruf hängte, um
Volkssänger zu werden.

Standort: Isartor, München

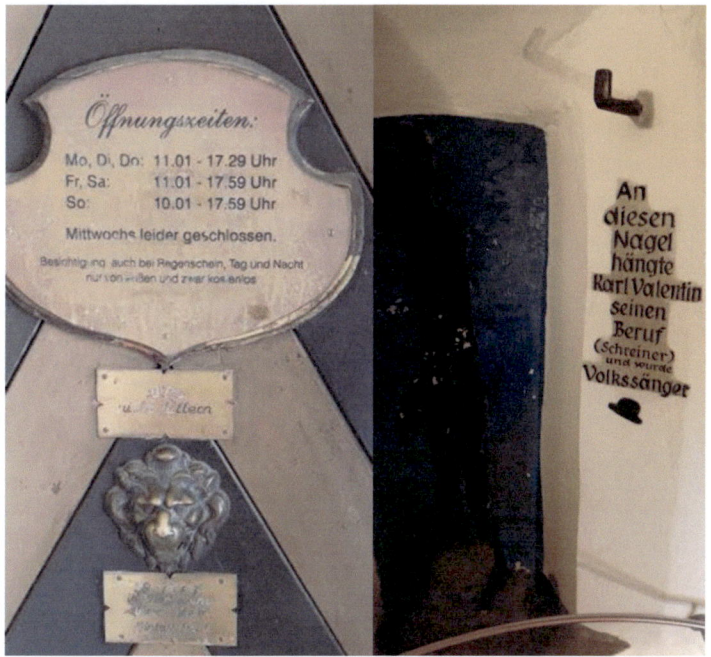

Liesl Karlstadt

`Ich bin auf Sie angewiesen, aber Sie nicht auf mich! Merken Sie sich das´.

Liesl Karlstadt (1892-1960) war eine Soubrette und Kabarettistin, die zusammen mit Karl Valentin ein in der Vorkriegszeit legendäres Komikerduo bildete. Sie wurde in München-Schwabing als Tochter eines italienischstämmigen Bäckermeisters geboren und hieß eigentlich Elisabeth Wellano. Den bayerisch klingenden Künstlernamen Liesl Karlstadt wählte sie zusammen mit Karl Valentin aus, der 1911 bei einem Auftritt auf sie gestoßen war und Gefallen an ihr gefunden hatte. Kurze Zeit, nachdem Karl Valentin ab 1934 mit einer neuen Partnerin auftrat, versuchte sich Karlstadt durch einen Sprung in die Isar das Leben zu nehmen. Sie überlebte den 10 Jahre älteren Valentin jedoch sogar um 12 Jahre.

Bildhauer: Hans Osel, München (1907-1996), Bronze, 1961
Standort: Viktualienmark

Ida Schumacher

Bronzefigur, Viktuialienmarkt-Brunnen, München

'Sie, mei Mo is so furchbar greissli, dass mia jedesmoal dös Feier ausgeht, wann der in'n Ofen neischaut'.

In Niederbayern als Ida Stömmer geboren war Ida Schumacher (1894-1956) eine volkstümliche bayerische Theaterschauspielerin und Komödiantin. Eine ihrer bekanntesten Figuren war die Trambahnschienenritzenreinigungsdame.

Bildhauer: Marlene Neubauer, Bronze, 1977
Standort: Viktualienmarkt, München

Roider Jackl

Bronzefigur, Viktialienmarkt-Brunnen, München

Jetzt muaß i aufhern zum Singa
sonst wer i berühmt
und kriag a r'a so a Denkmal
da wo's Wasser rausrinnt.

Der im niederbayerischen Weihmichl geborene **Jakob Roider** (1906-1975), **Roider Jackl** genannt, war Förster und als bayerischer Volkssänger beliebt. Vielleicht hätte er früher mit dem Singen aufhören sollen, denn mittlerweile gibt es nicht nur in München auf dem Viktualienmarkt ein Roider Jackl-Denkmal (einen Brunnen), wo das Wasser rausrinnt, sondern auch eines in seinem Geburtsort Weihmichl und eines im Sterbeort Freising.

Bildhauer: Hans Osel, Bronze, 1977
Standort: Viktualienmarkt, München

38

Weiß Ferdl

„Ein Wagen von der Linie 8, weiß-blau, fährt ratternd durch die Stadt.
So fährt der Wagen schnell dahin. Die Menschen, die im Wagen drin,...
Refrainzeile des Liedes `Ein Wagen von der Linie 8´ (Weiß Ferdl)

Der in Altötting als Ferdinand Weisheitinger geborene **Weiß Ferdl** (1883-1949) war ein bayerischer Humorist. Als die Amerikaner nach Kriegsende seinen Mercedes einzogen, war er gezwungen, mit der Straßenbahn zu fahren. Dieses für ihn neue Erlebnis legte die Grundlage für sein Erfolgslied **Ein Wagen von der Linie 8**. Ferdl galt als früher Sympathisant der Nationalsozialisten, seine Weste hatte nach späterer Einschätzung einen braunen Spritzer. Nach 1933 und besonders während des Krieges äußerte er sich über das Regime jedoch auch kritisch. Einmal kam er auf die Bühne und zeigte auf einen Koffer und meinte, da wäre die Regierung drin. Der Polizist, der bei seinen Aufführungen anwesend war, befahl ihm, den Koffer zu öffnen. `Das sind ja alles Lumpen´, reagierte der Polizist erstaunt. Ferdls Antwort: `Das haben Sie gesagt´.

Bildhauer: Josef Erber, Bronze, 1953
Standort: Viktualienmarkt, München

3.3 Andere Orte

Kurt Schwitters

Grab in Hannover

Man kann ja nie wissen

Der in Hannover geborene Künstler **Kurt Schwitters** (1887-1948) war Maler, Dichter und Grafiker. Er galt als wichtiger Vertreter des Dadaismus. 1937 floh er vor den Nazis nach Norwegen und ging später nach Großbritannien, wo er verstarb. Begraben ist er auf dem Engesohder Friedhof in Hannover. Der Grabstein zeigt den oben zitierten Spruch.

Standort: Engesohder Friedhof, Hannover

Kurt Schwitters, Gedenktafel Rumannstraße

'An Anna Blume' ist ein Merzgedicht, welches Kurt Schwitters (1887-1948) im Jahre 1919 in verschiedenen Versionen verfasst hat.

Standort: Hannover, Rumannstraße

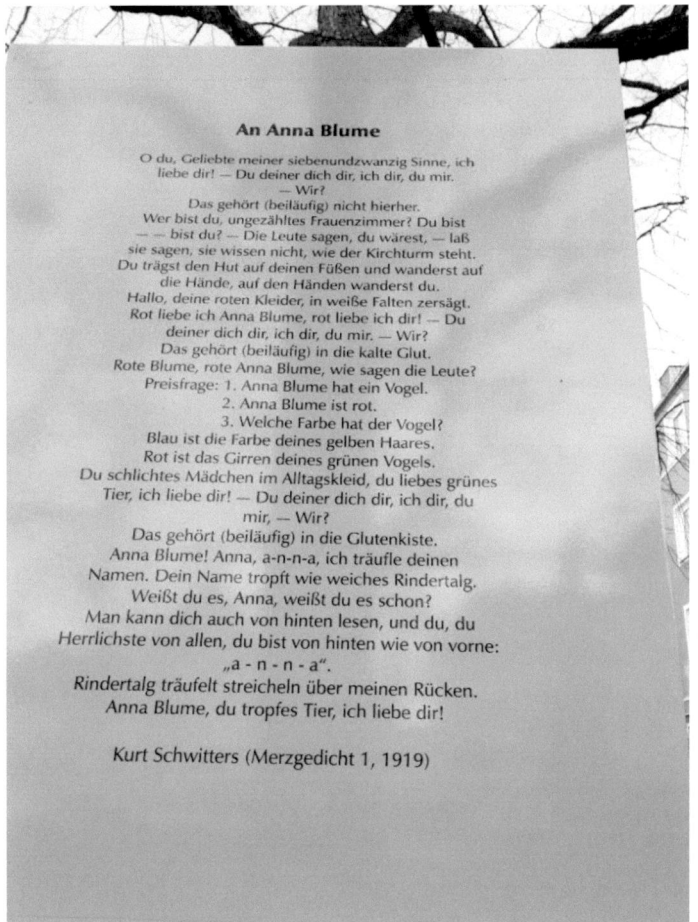

An Anna Blume

O du, Geliebte meiner siebenundzwanzig Sinne, ich
liebe dir! — Du deiner dich dir, ich dir, du mir.
— Wir?
Das gehört (beiläufig) nicht hierher.
Wer bist du, ungezähltes Frauenzimmer? Du bist
— — bist du? — Die Leute sagen, du wärest, — laß
sie sagen, sie wissen nicht, wie der Kirchturm steht.
Du trägst den Hut auf deinen Füßen und wanderst auf
die Hände, auf den Händen wanderst du.
Hallo, deine roten Kleider, in weiße Falten zersägt.
Rot liebe ich Anna Blume, rot liebe ich dir! — Du
deiner dich dir, ich dir, du mir. — Wir?
Das gehört (beiläufig) in die kalte Glut.
Rote Blume, rote Anna Blume, wie sagen die Leute?
Preisfrage: 1. Anna Blume hat ein Vogel.
2. Anna Blume ist rot.
3. Welche Farbe hat der Vogel?
Blau ist die Farbe deines gelben Haares.
Rot ist das Girren deines grünen Vogels.
Du schlichtes Mädchen im Alltagskleid, du liebes grünes
Tier, ich liebe dir! — Du deiner dich dir, ich dir, du
mir, — Wir?
Das gehört (beiläufig) in die Glutenkiste.
Anna Blume! Anna, a-n-n-a, ich träufle deinen
Namen. Dein Name tropft wie weiches Rindertalg.
Weißt du es, Anna, weißt du es schon?
Man kann dich auch von hinten lesen, und du, du
Herrlichste von allen, du bist von hinten wie von vorne:
„a - n - n - a".
Rindertalg träufelt streicheln über meinen Rücken.
Anna Blume, du tropfes Tier, ich liebe dir!

Kurt Schwitters (Merzgedicht 1, 1919)

Gedenktafel am Wohnhaus in Leipzig

Doch jedes Been das mir gestellt, das bracht mich weiter uff dr Welt. Nu grade.

Die Schriftstellering und sächsische Mundartdichterin **Helene Alma Lene Voigt** (1891-1962) war lange Zeit, vor allem im Westen, vergessen und wird noch heute in ihrer humoristischen Bedeutung unterschätzt.

Grabstein, Südfriedhof Leipzig

Der Grabstein von Helene Voigt auf dem Leipziger Südfriedhof
zeigt einen ihrer sächsischen Mundartsprüche.

Standort: Südfriedhof

Vera Möller

Klein-Erna

Die Bildhauerin Vera Möller (1911-1998) hörte ab 1938 die Hamburger *Klein-Erna*-Geschichten, schrieb sie auf und publizierte diese. Als sie 1998 starb und auf dem Nienstedter Friedhof bestattet wurde, stellte man eine (vermutlich von ihr geschaffene) Klein-Erna Bronzeplastik ans Grab.

Bildhauerin: Vera Möller (?), Bronze
Standort: Friedhof von Nienstedten

44

Erich Kästner-Denkmal, Neustadt, Albertplatz

Moral: Es gibt nichts Gutes, außer: Man tut es.

Der Schriftsteller **Erich Kästner** wurde 1899 in Dresden geboren, er starb 1974 in München. In der Dresdner Neustadt ist ein Bronzedenkmal für ihn aufgestellt. Ein Stapel Bücher wird gezeigt und ein aufgeschlagenes Buch, worin das oben wiedergegebene Kästner-Zitat zu lesen ist.

4. Nachkriegszeit bis 1960er Jahre

Günter Neumann

Der Insulaner verliert die Ruhe nich. Der Insulaner liebt keen Jetue nich!

Der Kabarettist, Komponist und Pianist **Günter Christian Ludwig Neumann** (1913-1972) wurde in Berlin geboren und war bereits ab 1929 als Klavierhumorist tätig. Zurzeit der Berlinblockade gab er die satirische Zeitschrift **Der Insulaner** heraus, woraus das populäre Nachkriegskabarett und die entsprechende Radiosendung *Die Insulaner* entstand. Eine Gedenktafel für Günter Neumann befindet sich deshalb heute auf dem Berliner Trümmerberg Insulaner.

Standort: Trümmerberg Insulaner in Berlin

Günter Pfitzmann

Humor ist die Fähigkeit, im Leben mit Gegenwind zu segeln.

Günter Pfitzmann (1924-2003) ist den meisten als Schauspieler (Praxis Bülowbogen) in Erinnerung geblieben. Er war jedoch am Anfang seiner Karriere auch Kabarettist und gehörte zu den Gründungsmitgliedern der Berliner Kabarettgruppe *Die Stachelschweine*. Er trat dort 1949-1957 und nach 1965 auf.

Standort: Ziethenstr. 22, Berlin-Schöneberg

Willy Reichert

Wenn die Menschen mehr Humor hätten, würden ihn die, die ihn haben, nicht so dringend brauchen.

Das Komiker-Duo **Häberle und Pfleiderer** wurden 1931 vom Stuttgarter Unterhaltungskünstler **Willy Reichert** (1896-1973) und vom Österreicher Charly Wimmer erschaffen und verkörpert. Aufgrund eines Motorradunfalls wurde Wimmer bald durch den Stuttgarter Oscar Heiler (1906-1995) ersetzt. Willy Reichert als Pfleiderer spielt dabei einen schlauen Schwaben, der oft das letzte Wort hat. Heiler spielt mit Häberle eine Figur mit Attitüde, die sich vornehm gibt und versucht, Pfleiderle zu belehren, oft in angestrengtem Hochdeutsch, während sich dieser jedoch als cleverer erweist.

Bildhauer: Rudolf Kurz (*1952), Bronze, 1994
Standort: Börsenplatz (Friedrichsbau)

Heinz-Erhardt-Denkmal, Göttingen

Manche Menschen wollen immer nur glänzen, obwohl sie keinen Schimmer haben.

Der im lettischen Riga geborene **Heinz Erhardt** (1909-1979) war im Nachkriegsdeutschland ein wichtiger Komiker, Kabarettist und Unterhaltungskünstler. Seine Gedichte haben letztlich auch die Frankfurter Neue Schule und damit Künstler wie Otto Waalkes beeinflusst. Teilweise gelten sie heute noch als Klassiker der Komik. Das im Krieg wenig zerstörte und zentral gelegene Göttingen war zeitweise eine wichtige Filmstadt. Dort wurde 1959 ´Achtung die Autofahrer´ gedreht. Erhardt spielt in diesem Film einen Verkehrspolizisten. Deshalb findet sich am Heinz-Erhardt-Platz im Norden der Innenstadt ein entsprechendes Erhardt-Denkmal.

Standort: Heinz-Erhardt-Platz

49

Gedicht-Stele im Heinz-Erhardt-Park in Hamburg

Heinz Erhardt lebte von 1948 bis zu seinem Tod im Jahre 1979 in einem kleinen Haus im Hamburger Stadtteil Wellingsbüttel. Anlässlich seines 100. Geburtstages wurde in einem kleinen Hain unweit des Hauses der Heinz-Erhardt-Park eingerichtet. Dazu wurden Säulen mit Gedichten des `Königs von Wellingsbüttel´ aufgestellt, von denen zwei im Folgenden gezeigt werden.

Standort: Am Rosengarten 99

Gedicht-Stele im Heinz-Erhardt-Park in Hamburg

Eine Gedicht-Stele im Park zeigt gleich drei kurze Erhardt-Reime.

Standort: Am Rosengarten 99

Wolfgang Gruner

*Manche Damen sind wie Lokomotivheizer: Feuer haben sie nur,
wenn die Kohlen stimmen.*

Eine Beleidigung trifft umso tiefer, je mehr sie zutrifft.

Der im brandenburgischen Rathenow geborene **Wolfgang Gruner**
(1926-2002) war Kabarettist, Schauspieler und Regisseur und Mitglied des Ensembles der Berliner *Stachelschweine*. Bei einem brei-
ten Publikum populär wurde der `Inbegriff der Berliner Schnauze
mit Herz´ durch seine Auftritte als Taxifahrer Fritze Flink in über
100 Folgen der Wim Thoelke-Show *Der Große Preis*.

Standort: Westendallee 57

52

Wolfgang Neuss

Auf deutschem Boden darf nie wieder ein Joint ausgehen.

Wolfgang Neuss (1923-1989) wurde im schlesischen Breslau geboren und ging bereits mit 15 Jahren nach Berlin. Nach dem Zweiten Weltkrieg begann seine Kabarettkarriere. Beflügelt wurde diese als er 1949 Wolfgang Müller kennenlernte und mit diesem ein Kabarettisten-Duo bildete. 1960 kam Müller bei einem Flugzeugabsturz ums Leben und Neuss musste allein weitermachen. Mitte der 1960er Jahre erlebte Neuss den Höhepunkt seiner Schauspieler- und Kabarettisten-Karriere. Nach einer politisch aktiven Phase Ende der 1960er Jahre wurde es jedoch ruhig um ihn. Anfang der 1980er Jahre erlebte er jedoch ein gewisses Comeback. Die damals populär gewordene Parole `Stell dir vor, es ist Krieg und keiner geht hin´ konterte er mit *Stell' Dir vor, es geht und keiner kriegt's hin.*
Als zahnloser Späthippie wurde er schließlich zur lebenden Legende, bis er 1989 an Krebs starb.

Standort: Lohmeyerstr. 6, Berlin-Charlottenburg

Lore Lorentz

Kabarett Walk of Fame Kabarett, Mainz

Die Zeiten waren nie so ernst wie immer.

Die in Ostrau (Tschechien) geborene **Lore Lorentz** (1920-1994) war eine deutsche Kabarettistin und Sängerin. Mit ihrem Mann Kay Lorentz, den sie 1944 in Berlin kennenlernte, gründete sie 1947 in Düsseldorf das Kom(m)ödchen als erstes deutsches Nachkriegskabarett. Von 1947 bis 1988 gehörte sie zum Ensemble des Kom(m)ödchens. Der westdeutschen Presse galt sie als ˋGrande-Dame des deutschen Kabarettsˊ. Ihre Spezialität war der Sprechgesang.

Standort: Kabarett Walk of Fame, Mainz

Werner Finck

An dem Punkt, wo der Spaß aufhört, beginnt der Humor.

Der in Görlitz geborene **Werner Paul Walter Finck** (1902-1978) war Schauspieler, Schriftsteller und auch Kabarettist. 1928 kam er nach Berlin, wo er mit Hans Deppe das Kabarett *Die Katakombe* gründete. Noch nach der Machtergreifung der Nationalsozialisten war er aktiv. *Kommen Sie mit? Oder muss ich mitkommen?* fragte er anwesende Gestapo-Beamte bei einem seiner Auftritte. Aufgrund politisch brisanter Wortspiele wurde er 1935 schließlich verhaftet und ins Konzentrationslager Esterwegen gebracht. Im selben Jahr wurde er jedoch auf Anweisung Görings bereits wieder entlassen. 1937 konnte er wieder im Kabarett auftreten, allerdings unter Verzicht auf politische Witze. Schließlich meldete er sich 1939 zum Kriegsdienst um einer erneuten Verhaftung zu umgehen. Von 1945 bis 1949 gab er das *Wespennest*, die erste deutsche satirische Zeitschrift der Nachkriegszeit heraus. Er gründete zudem das Kabarett *Nebelhorn* in Zürich (1947) und die *Mausefalle* in Stuttgart (1948).

Standort: Kabarett Walk of Fame, Mainz

55

Herbert Hisel

`Jou werkli´

Der in Nürnberg geborene **Herbert Hisel** (1927-1982) war zeitweise der bekannteste fränkische Humorist. Seine Vorträge im Nürnberger Dialekt waren voller Witz und Komik, entsprechende Schallplatten verkauften sich auch außerhalb Frankens. Die Aufstellung eines Hisel-Denkmals in Nürnberg wurde diskutiert, doch es blieb bei einem Grabstein auf dessen Rückseite sein Markenzeichnen-Spruch *Jou werkli* (Ja wirklich) zu lesen ist.

Der Hobbyflieger Hisel stürzte 1969 mit einer Cessna in den Alpen ab, überlebte jedoch schwerverletzt. Wegen Steuerschulden floh er 1975 nach Kanada, wo er vor deutschsprachigem Publikum auftrat. 1982 erlitt er dort am Steuer seines Autos einen Herzinfarkt. Er starb als Folge des dadurch verursachten Verkehrsunfalls.

Standort: Westfriedhof Nürnberg, nahe Krematorium

5. 1970er Jahre bis 2010

5.1 Kabarettisten und Comedians

Der große deutsche Humorist *Vicco von Bülow* alias *Loriot* war schon seit den 1950er Jahren aktiv. Den großen Fernsehdurchbruch hatte er jedoch erst in den 1970er Jahren, deshalb wird er hier dieser Epoche zugeordnet. Die 1970er Jahre waren auch die große Zeit es Spaßmachers Otto Waalkes. Bis heute, mit weit über 70, ist er aktiv, zitiert sich aber oft nur noch selbst. Nachdem es durch die Öffnung für private Sender immer mehr TV-Kanäle gab und später mit dem Aufkommen des Internets Online-Plattformen immer wichtiger wurden, spaltete sich die humoristische Szene immer stärker auf und wurde immer unübersichtlicher. Wichtige Persönlichkeiten wie Harald Schmidt gaben zudem ihre Sendeplätze auf. Die Zeit der großen Alleinunterhalter an wenigen Sendeplätzen ist damit zu Ende gegangen.

Knollennasenmännchen-Graffiti in Mainz

Loriot (Vicco von Bülow)

Loriot Knollennasenmännchen

Das Lachen über mich ist ein Lachen des Wiedererkennens.

Loriot (Vicco von Bülow, 1923-2011) war ein vielseitiger und beliebter deutscher Humorist. Seine Karriere begann er als Karikaturist und entwarf schon Anfang der 1950er Jahre das Knollennasenmännchen, eine seiner bleibenden und bekanntesten Hinterlassenschaften. Ab 1976 arbeitete Loriot auch für Radio Bremen und so entwickelte sich eine Beziehung zur Hansestadt. Bereits 2013 wurde Loriot in Bremen durch ein erstes Denkmal geehrt. 2016 kam der Loriotplatz dazu, mit einem auf einer Bank sitzenden Knollennasenmännchen.

Bildhauer: Johann Roman Strobl, Bemalung Patrick Przewloka, Metall, 2016, **Standort:** Loriotplatz

Loriot-Stele, Stuttgart

Früher war mehr Lametta

Die im Herbst 2013 am Eugensplatz aufgestellte Loriot-Säule wurde wenige Tage später durch Mitarbeiter des Blogs Kessel TV durch einen Mops ergänzt, der jedoch bald wieder verschwand. Im Mai 2014 bekam das Denkmal wieder einen Mops, bzw. eine Möpsin, mit einer Zeremonie, einem Flashmops wurde das gefeiert. Auf der Säule ist außer Vicco von Bülow genannt Loriot, sein Geburts- und Sterbedatum angegeben, sowie *Komiker von Gottes Gnaden* und *Loriot est mort, vive Loriot.* An der Säule ist auch zu lesen
LORIOT LEBTE VON 1938 BIS 1941 ALS SCHÜLER DES EBERHARD-LUDWIGS- GYMNASIUMS IN STUTTGART UND STAND HIER ERSTMALS AUF EINER THEATERBÜHNE UND VOR EINER FILMKAMERA
Loriot wohnte damals in der Hausmannstraße 1, direkt am Platz.

Künstler. Uli Gsell (*1967), Kalkstein, 2013
Standort: Eugensplatz, Stuttgart

Loriot-Stele, Stadt Brandenburg

Komisch ist alles, was scheitert

Vicco von Bülow wurde im November 1923 in der Stadt Brandenburg (Havel) geboren, wuchs aber seit 1927 in Berlin auf.
Nach dem Tod des Humoristen im Jahre 2011 erinnerte sich die Stadt an ihren Sohn und zusätzlich motiviert durch die Bundesgartenschau des Jahres 2015, welche an vier verschiedenen Havelorten, darunter Brandenburg Stadt stattfand, gab die Stadt mehrere Denkmäler in Auftrag. Eine Beton-Stele in der Altstadt zeigt einen Schuhabdruck und die Lebensdaten Vicco von Bülows/Loriots. Auf einer Bank am Alten Rathaus sitzt eine im Rahmen einer Projektarbeit für die Beschäftigung und Qualifizierung arbeitsloser Jugendlicher geschaffene eher missglückte und schon wieder verrottende Knollennasenfigur.

Standort: Johanniskirchplatz und Altstädtischer Markt

60

Loriot-Mops, Brandenburg

Ein Leben ohne Mops ist möglich, aber sinnlos.

Die Figur des Waldmopses entstammt dem Sketch *Tierstunde-der wilde Waldmops*, den Loriot 1972 präsentierte. Nach dem Tod des Humoristen im Jahre 2011 wurden von der Stadt ein Wettbewerb für die Findung eines passenden Loriot-Denkmals ausgelobt. Die Innenarchitektin Clara Walter gewann ihn mit dem Vorschlag, Waldmops-Figuren zu realisieren. Die Figuren waren bei der Bevölkerung so beliebt, dass privates Geld für weitere Waldmops-Figuren gespendet wurde. Waldmöpse-Plastiken wurden jedoch auch immer wieder gestohlen, so dass die Zahl schwankte und sich mittlerweile auf etwas über 20 eingependelt hat.

Standort: Gotthardkirchplatz

Otto Waalkes

Geburtshaus in Emden-Transvaal, Ritzungen

In meiner Heimatstadt in Emden gibt es ein Quartier
Die Eingebor'nen nennen es Transvaal
In diesem ganz normalen Kral
Lebte ich einmal
Gottfried-Bueren-Straße heißt's, wo ich geboren bin
In einem Reihenhaus aus rotem Klinkerstein
Ich ritzte da meinen Namen rein
Ja, das musste sein
In Fiftynine

Der deutsche Komiker Otto Waalkes (*1948) wurde in Emden geboren und wuchs im Emdener Arbeiterstadtteil Transvaal auf. Am
Eingang seines Geburtshauses sind noch heute seine Ritzungen aus
dem Jahre 1963 zu sehen.

Standort: Gottfried Bueren Str. 59

Ottifanten, Emden-Transvaal

Am von Otto Waalkes gestalteten und gestifteten Ottifanten-Denk-
mal in seinem Heimatstadtteil Transvaal ist folgendes zu lesen:

Seinem Stadtteil Transvaal
gestiftet von Otto Waalkes
Emden, im Jahre 1987

Entwurf: Otto Waalkes, Bronze, 1987
Standort: Dollartstr. 30, Emden-Transvaal

Otto Huus in Emden

"Spaßmachen ist gar nicht mein Beruf. Ich mache nur Kohle damit. Aber das macht Spaß."

Das **Otto Huus** im Zentrum Emdens, Museum und Shop in einem, wurde im Jahr 1987 eröffnet. Ein Ottifant, der durch die Fassade bricht, lächelt Passanten an.

Standort: Große Str. 1

Neue Frankfurter Schule

Die schärfsten Kritiker der Elche waren früher selber welche.

Vor dem Caricatura-Museum in Frankfurt steht die Skulptur eines von Hans Traxler entworfenen Elches. Auf einer Bronzetafel sind unter der Überschrift DIE NEUE FRANKFURTER SCHULE die folgenden Namen alphabetisch aufgeführt: F.W. Bernstein, Bernd Eilert, Robert Gernhardt, Eckhard Henscheid, Peter Knorr, Chlodwig Poth, Hans Traxler, F.K. Waechter. Bernstein (1938-2008), Gernhardt (1937-2006), Poth (1930-2004) und Waechter (1937-2005) sind mittlerweile verstorben. Die neue Frankfurter Schule gehörte lange zu den wichtigsten Autoren der Satire-Zeitschrift Titanic und viele der Autoren waren auch Gagschreiber für Otto Waalkes.

Künstler: Hans Traxler, 2008
Standort: Weckmarkt/Saalgasse

Hans Traxler

Ich-Denkmal, Mainufer Oberrad

Hans Traxler (*1929), der der **Neuen Frankfurter Schule** zuzurechnen ist, hat ein **Ich-Denkmal** entworfen, welches vom Steinmetz Reiner Uhl ausgeführt wurde und seit März 2005 in Frankfurt-Oberrad in einem Park am Mainufer steht. 2007 wurde ein zweites Exemplar in **Kassel** und 2019 eines in **Bielefeld** errichtet. Im Juni 2022 besuchte ich das Denkmal und stellte meine Schuhe drauf.

Standort: Mainufer Oberrad

Jürgen von Manger

Manger-Stern Kabarett walk of fame, Mainz

Literatur is wat so inne Bücher steht, wo zum Herzeigen da sind.

Der in Koblenz geborene und mit zehn Jahren nach Hagen ins Ruhrgebiet gekommene Schauspieler und **Kabarettist Jürgen von Manger** (1923-1994) wurde vor allem für seine Rolle als Ruhrgebietsoriginal Adolf **Tegtmeier** bekannt. Eine umfangreiche Tonträgerproduktion bezog sich darauf.

Standort: Kabarett Walk of Fame, Mainz

Hans Dieter Hüsch

Hüsch-Statue und Hüsch-Grab in Moers

Hans Dieter Hüsch wurde 1925 in Moers geboren und starb 2005 in Werfen im Rhein-Sieg Kreis. In Moers gibt es für den bekannten Sohn der Stadt mehrere Denkmäler. So steht, aufgestellt zu seinem 90. Geburtstag, eine Hüsch-Bronzestatue vor dem Hans-Dieter-Hüsch Bildungszentrum. Begraben ist das `schwarze Schaf vom Niederrhein´ in Moers, auf dem Hauptfriedhof Hülsdonk. Die Grabstele ziert ein interessanter Spruch.

Statue: Bildhauer: Karlheinz Oswald (*1958), Bronze, 2015
Standort: Wilhelm-Schroeder-Straße 10, Moers
Grab: Hülsdonker Friedhof

ICH HABE IMMER VERSUCHT DIE ERHABENHEIT DER BÄUME DIE UNVERWUNDBARKEIT DER STEINE DIE VORURTEILSLOSIGKEIT DER FLÜSSE UND DIE GELASSENHEIT DER TIERE ZU ERREICHEN ABER ES IST MIR NICHT GELUNGEN

Hüsch-Denkmal am Hans-Dieter-Hüsch Platz in Moers

Im Mai 2007 wurden auf dem nach dem Kabarettisten benannten Platz in der Altstadt von Moers 5 Granittafeln enthüllt. Dort ist unter anderem das folgende Hüsch-Zitat zu lesen:

"Kumma wie der geht/Kumma wie der da sitzt/Wie der wieder angezogen ist/Der sieht ja verboten aus/Tach zusammen"

Zeichner: Jürgen Moses Pankarz, **Steinmetz:** Manfred Messing
Standort: Hans-Dieter-Hüsch Platz

5.2 Humoristische Schauspieler

Willy Millowitsch

An Köln gefiel mir schon immer einfach alles.

Willy Millowitsch (1909-1999) stammte aus einer alten Schauspielerdynastie, wurde in Köln geboren und war als Schauspieler und als Regisseur und Sänger tätig. Er galt als Kölsches Original und bekam noch zu Lebzeiten ein Bronzedenkmal. Dieses wurde 2014 an den Willy-Millowitsch-Platz in der Altstadt versetzt.

Bildhauer: Kurt Arentz, Köln (1934-2014).
Standort: Willy-Millowitsch-Platz (Innenstadt)

Helmut Fischer

Monaco Franze (Helmut Fischer)

Geh Spatzl, schau wie I schau!

Der Münchner Schauspieler **Helmut Fischer** wurde vor allem durch die 1981-1983 ausgestrahlte Helmut-Dietl-Serie **Monaco Franze- der ewige Stenz** bekannt, in welcher er einen reiferen Hallodri und Vorstadt-Casanova spielte. In seinem geliebten Schwabing wurde an der Münchner Freiheit 1997 ein Denkmal für ihn aufgestellt. Im September 2022 gesellte sich dort noch ein Denkmal für den Monaco Franze Regisseur Helmut Dietl hinzu.

Bildhauer: Nikolai Tregor, München (*1946), Bronze, 1997
Standort: Münchner Freiheit

Dirk Bach

Grab, Friedhof Melaten, Köln

Seit der Kindheit kann ich im Stehen meine Füße nicht sehen. (...)
Ich fühle mich gut so und bin ja auch dick im Geschäft.

Melaten ist der größter Friedhof Kölns, mit Gräbern der führenden
Familien der Stadt, sowie zahlreicher Prominenter. Hier ist auch
der 1961 geborene und im Jahre 2012 gestorbene TV-Komödiant
Dirk Bach begraben. Das ungewöhnliche an seinem Grab ist die
rosafarbene Bank, auf welcher zu lesen ist: **'Audienz beim Mäu-
sekönig'.** Köln ist die westdeutsche Schwulenhauptstadt und macht
diesem Status mit diesem Grab alle Ehre.

Standort: Friedhof Melaten

6. 21. Jahrhundert

Im 21. Jahrhundert wird die Humoristenlandschaft immer unübersichtlicher, da es, vor allem durch das Internet, mehr Plattformen, Aktcure und Ausdrucksformen gibt. Die Humorproduktion demokratisiert sich, Vergangenes wird aber auch immer wieder zitiert, oft ohne Kenntnis von Autorenschaft.

Sogar öffentliche Einrichtungen und dabei vor allem Städte treten als Humor-Akteure auf. Vor allem touristisch wenig attraktive Städte versuchen so, Sympathie-Akzente zu setzen. Ein Beispiel ist Bielefeld. Die vom Informatik-Studenten Achim Held 1994 lancierte Theorie der Bielefeld-Verschwörung, nämlich dass es Bielefeld gar nicht gäbe, wurde vom Stadtmarketing schließlich aufgenommen (Bielefeld, das gibt´s gar nicht) und filmisch umgesetzt. Schließlich wurde von der Stadt Geld (Bielefeld-Million) für den schlüssigen Beweis der Nichtexistenz der Stadt ausgelobt. Als niemand den Beweis erbringen konnte wurde die Bielefeld-Verschwörung 2019 offiziell zu Grabe getragen und ein entsprechender Stein im Zentrum der Stadt platziert.

Standort: Altstädter Kirchplatz, Bielefeld

Hasenraths Will-Denkmal in Selfkant-Saeffelen

Wenn du dir ein Härchen am Hintern auszupfst, fangen die Augen an zu tränen, und genau so funktioniert das mit der Globalisation.

Der im Rheinland beliebte Kabarettist Christian Macharski (1969-2020) starb überraschend im Alter von 51 Jahren an einem Herzinfarkt. Sehr verbunden war er seiner Heimatgemeinde Selfkant und startete seine Tourneen meist auch vom Selfkanter Ortsteil Saeffelen. 2022 wurde in Selfkant-Saeffelen eine Bronzestatue für Macharski bzw. dessen Figur Hasenraths Will aufgestellt.

Statue: Bronze, 2022
Standort: Zum Schützenbruch, Ortsausgang Saeffelen

7. Europa

7.1 Niederlande

Toon Hermans

Bronzebüste in Sittard

Niets is zo bijzonder als het gewone.
(Nichts ist so besonders, wie das Gewöhnliche).

Der niederländische Kabarettist und Sänger Toon Hermans (1916-2000) wurde im limburgischen Sittard geboren und gehört zu den Großen Drei des niederländischen Kabinetts. Eine Bronzebüste steht heute in einer kleinen Straße in der Altstadt.

Bildhauerin: Wilhelmina Maas, Bronze, 2002
Standort: Begijnenhofstraat 2

Bild an der Theaterfassade Sittard

Ik hou van Parijs
En ik hou van Londen
In The Plaza in New York lag ik in bad
San Francisco heb ik altijd mooi gevonden
Maar ik ben iemand van een kleine stad
In Central Park daar voel ik mij totaal verloren
En als ik in Wenen ben, in Stefanstoren sta
Zie ik opeens een stille landweg door het koren
Of zo'n grandioze abrikozenvla
Ik heb in Amsterdam een boel applaus gehad
Maar ik ben iemand van een kleine stad
(Toon Hermans, 1977)

Am Stadttheater seiner Heimatstadt stand einst eine von
Wilhelmina Maas geschaffene Toon Hermans-Bronzestatue. Doch
diese wurde ein Opfer des Vandalismus und darum wieder
abgebaut. An der Fassade des Theaters ist jedoch noch ein
Hermans-Portraitbild und ein Songzitat angebracht.

Rückwärtige Fassade Stadttheater De Domijnen, Sittard
Monseigneur Claessensstraat 2

Wim Sonneveld

Bronzestatue in Schin op Geul

Daarom ben ik gelovig, omdat ik namelijk geloof dat iedereen gelijk is aan god. Ich bin religiös weil ich glaube, dass alle Menschen Gott ebenbürtig sind.

Der in Utrecht geborenen **Wim Sonneveld** (1917-1974) gehört mit Toon Hermans und Wim Kann zu den Großen Drei des niederländischen Kabaretts. Sonneveld wurde protestantisch erzogen, ließ sich aber von seinem Lebensgefährten überzeugen, sich 1947 katholisch taufen zu lassen. 1964 schuf er die besonders bei Katholiken nicht unumstrittene Figur des albernen **Frater Venantius** *uit Schin op Geul*, der philosophierte und mokant über das Klosterleben berichtete. 50 Jahre später, an Sonnevelds 40. Todestag, wurde in Erinnerung daran in Schin op Geul (Limburg) eine Bronzestatue aufgestellt, welche Sonneveld in der Rolle des Venantius zeigt.

Bildhauerin: Nelly Vincken (*1928), Bronze, 2014
Standort: Breeweg, Einmündung N595

7.2 Frankreich

Coluche

Der französische Schauspieler und Humorist **Michel Gérard Joseph Colucci** (1944-1986), genannt **Coluche** wurde in Paris geboren und starb bereits mit 41 Jahren in Südfrankreich an den Folgen eines Verkehrsunfalls. Bekannt geworden war er durch Louis de Funès-Filme, in welchen er den Sohn Gérard spielte. Im Oktober 1980 gab er bekannt, für das französische Präsidentenamt zu konkurrieren, trat aber schließlich nicht als Kandidat an. Im Jahre 2009 wurde im Pariser Vorort Montrouge, Geburtsort von Coluche, ein Denkmal mit einer für ihn typischen Latzhose aufgestellt.

Bildhauer: Guillaume Werle, Bronze, 2009
Standort: 1 Pl. de la Libération, Montrouge

Schlusswort

Ich hoffe, die kleine Sammlung von Denkmälern für Kabarettisten, Komiker und andere Humoristen ist für die LeserInnen unterhaltsam und anregend. Über Hinweise zu weiteren interessanten Denkmälern würde ich mich freuen. Kommentare zur bestehenden Sammlung sind ebenfalls willkommen. Am besten an: Richard.deiss@gmail.com

In Landau/Isar gesehen.

Zum Autor

Richard Deiss stammt aus Isny im Allgäu, studierte in den 1980er Jahren in München Geografie und arbeitete ab den 1990er Jahren als Verkehrsplaner und im Bereich der Statistik. Heute lebt er in Wuppertal und Isny. Bei BoD hat er seit 2006 bereits 60 Titel publiziert, darunter neun Bücher zu von ihm besuchten Städten und 2 Wortspielbücher. Zurzeit arbeitet er an einer Buchreihe zu Gedenk- und Informationstafeln (bereits mehr als 12 Bände). Seine Bücher decken Themengebiete ab, zu denen es bisher wenige Veröffentlichungen gibt. Es ist ihm ein Anliegen, seine Leserschaft damit zu unterhalten, zu erstaunen und zu erheitern.

Quellennachweis:

Bilder: Richard Deiss

Texte: Informationen zu den Texten

Vanderkrogt, Denkmäler allgemein
https://statues.vanderkrogt.net/

Wikipedia (deutsche Version)
Wikipedia-Informationen zu allen Personen wurden genutzt
https://de.wikipedia.org

Joseph Fröhlich
https://www.geschichte.sachsen.de/joseph-froehlich-5655.html

Perkeo
https://www.schloss-heidelberg.de/wissenswert-amuesant/anekdoten/perkeo

Prangerl
https://www.munichkindl.net/hofnarr-prangerl

Georg Christoph Lichtenberg
https://www.uni-goettingen.de/de/74905.html

Christoph Hobusch
https://www.mz.de/lokal/dessau-rosslau/mundartgruppe-aus-dessau-versucht-seit-2011-das-erbe-von-christoph-hobusch-zu-bewahren-3271552

Ernst Dohm/Calau
https://www.calau.de/seite/9874/geschichte-der-kalauer.html

https://www.welt.de/reise/nah/article13407325/Witz-komm-raus-Du-bist-von-Kalauern-umgeben.html

Fischers Maathes
http://www.fischers-maathes.de/

Otto Reutter

https://www.otto-reutter.de/

Claire Waldoff

https://www.dhm.de/lemo/biografie/claire-waldoff.html

Roda Roda

https://www.deutsche-biographie.de/sfz106151.html

Fritz Oliven

https://www.grin.com/document/68931

Joachim Ringelnatz

https://www.ringelnatz.net/biografie-joachim-ringelnatz-boetticher/

Kurt Tucholsky

https://tucholsky-gesellschaft.de/

Trude Hesterberg

https://www.deutsche-biographie.de/sfz31917.html

Friedrich Hollaender

https://www.deutschlandfunk.de/vor-125-jahren-geboren-friedrich-hollaender-genie-und-100.html

Grete Weiser

https://www.fembio.org/biographie.php/frau/biographie/grethe-weiser/

Karl Valentin

http://www.karl-valentin.de/

Liesl Karlstadt

http://www.karl-valentin.de/leben/karlstadt.htm

https://www.fembio.org/biographie.php/frau/biographie/liesl-karlstadt/

Ida Schumacher

https://www.sueddeutsche.de/muenchen/muenchen-denkmal-ida-schuhmacher-viktualienmarkt-1.4976681

Roider Jackl
http://www.roider-jackl.de/

Weiß Ferdl
https://www.projekt-gutenberg.org/autoren/namen/weissfer.html

Kurt Schwitters
http://www.schwitters-stiftung.de/bio-ks.html

Lene Voigt
http://www.lene-voigt-gesellschaft.de/

Vera Möller
https://de.wikipedia.org/wiki/Vera_M%C3%B6ller

Erich Kästner
https://www.kaestnerhaus-literatur.de/erich-kaestner

Günter Neumann
https://www.günter-neumann-stiftung.de/die-insulaner

Günther Pfitzmann
http://www.deutsches-filmhaus.de/bio_er/n-p_spieler/pfitzmann_guenter_bio.htm

Häberle und Pfleiderer, Stuttgart
https://de.wikipedia.org/wiki/H%C3%A4berle_und_Pfleiderer

Heinz Erhardt
https://www.heinz-erhardt.de/

Wolfgang Gruner
http://www.steffi-line.de/archiv_text/nost_buehne2/02kab_gruner.htm

Wolfgang Neuss
https://www.deutschlandfunk.de/1989-tod-von-wolfgang-neuss-enfant-terrible-des-deutschen-100.html

Lore Lorentz
https://www.duesseldorf.de/gleichstellung/archiv/frauenwege/lore-lorentz.html

Loriot

https://www.loriot.de/

Otto Waalkes

https://www.ottifant.de/

Neue Frankfurter Schule

https://www.frankfurt-lese.de/streifzuege/literarisches/neue-frankfurter-schule/

Hans Dieter Hüsch

https://www.hannsdieterhuesch.de/

Jürgen von Manger

https://www.rheinische-geschichte.lvr.de/Persoenlichkeiten/juergen-von-manger/DE-2086/lido/57c946e03687f6.50477172

Willy Millowitsch

https://rheinische-geschichte.lvr.de/Persoenlichkeiten/willy-millowitsch/DE-2086/lido/5cd945be3e6030.49404723

Werner Finck

https://kulturstiftung.org/biographien/finck-werner-2

Christian Macharski

https://www.aachener-zeitung.de/lokales/heinsberg/ein-denkmal-fuer-hastenraths-will_aid-56607831

Weitere Bücher des Autors bei books on demand, www.bod.de

in der Reihe **Tausend Tafeln** (Norderstedt 2022-23)

Hier war Goethe nie
77 wundersam-witzige Info- und Gedenktafeln

Stadt der Gedichte
77 Gedichttafeln in Städten

Seltsame Zunge
77 Tafeln mit Dialekttexten

City of poems
77 Gedichttafeln in fremden Sprachen

Zahlen bitte!
77 Infotafeln die zählen und Zahlen zeigen

Aalweber und Zitronenjette
77 städtische Originale und ihre Denkmäler

Rübezahl und Karpfenjule
77 Denkmäler für fiktive Personen

Haussmann, Holl und Hillebrecht
77 Denkmäler für Architekten und Stadtplaner

Sippel-Libbet, Schängel und Schlammbeiser
77 Denkmäler für Dorf- und Stadtpersonifikationen

Kiepenkerl und Leineweber
77 Denkmale zu Berufen